El panqueque

LECTURAS
GRÁFICAS

Cristina Rossetti
Ilustraciones de Steve Mack

Consultores del Programa de Alfabetización
David Booth • Larry Swartz

Traducción/Adaptación: Lada J. Kratky

4

SANTILLANA USA
Language Education Experts

Santillana USA Publishing Company. Inc.
8333 NW 53rd Street, Suite 402, Doral FL 33166
www.santillanausa.com

Editorial Director: Isabel C. Mendoza
Translation/Adaptation: Lada J. Kratky

Rubicon   www.rubiconpublishing.com

Spanish Language Edition
Project Editor: Mariana Aldave
Designer: Jennifer Drew

English Language Edition
Editorial Director: Amy Land
Project Editor: Dawna McKinnon
Creative Director: Jennifer Drew
Art Director: Rebecca Buchanan
Senior Designer: Doug Baines

ISBN 978-1-4869-0148-7

3 4 5 6 7 8 9 10 11 12   28 27 26 25 24 23 22 21 20 19

Printed in China